AF586138

LA BOURSE INÉPUISABLE

A LA MÊME LIBRAIRIE

VOLUMES A 50 CENTIMES

DU MÊME AUTEUR

L'ORPHELINE. | L'ARTISTE.

MAURICE.

Albéric.
Arthur Daucourt.
Basilique (la) de Saint-Denis.
Beaux (les) Exemples.
Charlotte et Ernest.
Choix d'Histoires.
Déjeuner (le) des Pauvres.
Deux (les) Bouquets.
Double (la) Réparation.
Enfant (l') du naufrage.
Enfant (l') volé.
Ernestine.
Famille (la) Clairval.
Fanchette.
Fête (la) d'une mère.
Fils (le) du Tisserand.
Fille (la) du Fermier.
Heureux (les) Fruits de la vertu.
Histoire de Jérôme.
Histoire d'un morceau de pain.
Historiettes et Récits au j. âge.
Hubert et Paul.
Le plus Beau Jour de la vie.
Maison (la) du Tailleur.
Maîtresse (la) du logis.
Marie au foyer de la famille.
Miel (le) et les Abeilles.
Moralités et Allégories.
Notre-Dame des Roses.
Petite (la) Famille.
Petits (les) Joueurs.
Pierre Vallée.
Poudre (la) à canon.
Serpents (les) et les Fourmis.
Théodule ; *édition retouchée.*
Un Bonheur mérité.
Valentin.
Vase (le) de fleurs.
Vétéran (le).
Voyage d'un morceau de pain.

☞ En envoyant le prix en un mandat de la poste ou en timbres-poste, on recevra *franco* à domicile.

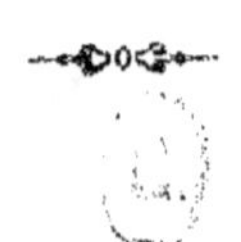

LA BOURSE INÉPUISABLE

Jamais physionomie plus bienveillante et plus noble n'avait frappé ses regards.

LA

BOURSE INÉPUISABLE

Par MARIE CORTEZ

4e ÉDITION

LILLE

L. LEFORT, IMPRIMEUR - LIBRAIRE

M DCCC LXII

INTRODUCTION

Dans un appartement entièrement dénué de meubles, mais dont une riche tenture attestait encore l'élégance passée, une jeune femme, la tête tristement penchée sur sa poitrine, paraissait absorbée dans la plus profonde méditation. Les premiers rayons du soleil frappaient, vifs et brillants, sur son visage pâle et abattu, sur ses yeux rougis par les larmes. Une lampe, dont la flamme mourante pâlissait encore à la clarté éblouissante du jour, annonçait que pour cette femme, encore belle et jeune, la nuit n'avait été qu'une veille.

Sortant enfin de sa profonde rêverie, elle dit, en regardant alternativement une bourse qui contenait quelques pièces d'or, et une bague ornée d'un assez beau diamant :

« Puisque de tout ce que j'ai possédé voilà ce qui me reste, il faut enfin que je me conforme à ma situation et que je tâche de prendre le parti le plus sage. Que faire ? à quelle résolution m'arrêter ? Dans cette grande cité, la seconde ville de France, sans doute l'industrie offre beaucoup de ressources à l'indigence laborieuse ; mais ne m'étant que rarement occupée des ouvrages convenables à mon sexe, pourrais-je, malgré le travail le plus assidu, gagner de quoi soutenir ma triste existence ? non assurément. D'ailleurs, avouons-le, un sentiment que tant d'affreuses secousses n'ont pu entièrement déraciner de mon cœur me retient aussi. Cette ville m'a vue jeune, riche, entourée d'hommages, l'emportant sur la plupart de mes amies par l'élégance et par le luxe. Puis-je, quand le malheur m'a tout ravi, m'y voir exposée aux critiques et aux mépris de tant de faux amis, ou à une pitié plus humiliante et plus cruelle pour moi que la mort même ?.... Non, quittons à jamais cette ville, où j'ai tant souffert ! vendons le peu d'effets qui nous restent, et, sous un costume en rapport avec notre nouvelle fortune, réfugions-nous dans quelque village éloigné, et là, ignorée de ce monde vain et orgueilleux que j'ai tant aimé, je pourrai vivre et mourir en paix. »

En prononçant ces mots, elle se lève, va faire emplette de vêtements convenables à la résolution qu'elle vient de prendre. Une simple robe d'indienne, un tablier noir, un bonnet des plus modestes et un grand chapeau de paille remplacent bientôt les étoffes légères et brillantes dont elle était vêtue.

Aidée de Julie, sa femme de chambre, seule amie qui lui fût restée dans son malheur, elle parvint, en vendant le peu de bijoux qui lui restent, à réaliser une somme de quinze cents francs. Une malle renferma bientôt les effets et le linge qu'elle s'était réservés ; et le 25 mai de l'année 1818, le soleil, en se levant, vit Mme *** s'éloigner de Lyon, dans le modeste équipage d'une honnête coquetière, qui, ayant vendu sa volaille, son beurre et ses œufs, avait pu lui donner une place dans sa carriole et se charger de ses effets.

Après les premières émotions de notre fugitive, et la disparition successive de la ville et des faubourgs de Lyon, Mme *** dit à la bonne femme qui guidait avec une adresse toute masculine le mulet qui traînait son équipage :

« Je connais votre village, Mme Martin (c'était le nom de la coquetière), j'y suis passée il y a environ un an ; il m'a paru agréablement situé ; n'est-il pas à six lieues de Lyon ?

— Précisément, madame ou mademoiselle, car je ne sais pas votre nom.

— Appelez-moi Mme Geneviève.

— Eh bien, Mme Geneviève, notre village serait le plus agréable pays du monde si tout n'y était pas à trop bon marché ; mais nos denrées, le laitage, la volaille, les œufs, tout cela s'y vend à un prix si modique, que les pauvres fermiers pourraient bien travailler toute l'année, sans pouvoir s'amasser une somme tant soit peu considérable, si ce n'étaient les petits voyages qu'ils font régulièrement toutes les semaines à cette bonne et belle ville de Lyon, où tout se débite le mieux du monde.

— Les terres et les maisons doivent être en votre pays à fort bon marché ?

— Oh ! je vous en réponds, madame, et je vais vous en donner une preuve. Il y a, à quelques pas du village, une maisonnette avec un jardin, une petite vigne et un pré, le tout contenant environ dix bicherées de terre. La maison est assez proprement meublée ; il y a de plus une belle et bonne chèvre. Eh bien, devinez à quel prix on donne tout cela ?

— Je ne saurais.

— A douze cents francs !...

— Impossible !

— C'est tout comme je me fais l'honneur de vous le dire, Mme Geneviève ; et puisqu'on m'en a laissé les clefs, et que ma sœur, à qui elle appartient, m'a chargée de la vendre, je pourrai la faire visiter.

— Le village est-il considérable ?

— Pas précisément, et nos voisins, parlant par envie, disent que ce n'est qu'un hameau ; mais il est entouré de bonnes et riches fermes, et il n'y a de misérables que les paresseux. »

Un voisin de la mère Martin, qui cheminait à pied, et que la bonne femme engagea à monter dans sa carriole, interrompit en cet endroit leur conversation ; et Geneviève, car nous laissons à Mme *** le nom qu'elle a jugé à propos de se donner, put se mettre au fait, en les écoutant parler, de toutes les nouvelles du pays.

Enfin cette journée, qui parut un peu longue à notre voyageuse, se termina par leur arrivée au village. Le claquement du fouet et le roulement de l'équipage annoncèrent bientôt à la ferme le retour de la mère Martin. Son mari, trois beaux enfants et une grosse servante accoururent la recevoir, avant même qu'elle eût mis pied à terre ; la bonne femme se hâta de distribuer trois grosses brioches à ses enfants ; elle donna à son mari une bouteille de liqueur anisée qui fit naître sur ses lèvres un agréable sourire, et enfin un fichu rouge à sa servante, la grosse Catherine, dont les yeux étincelèrent de joie en le recevant.

« Allons, mes enfants, dit la fermière, aidez-nous à descendre ; j'ai ici une dame qui nous fera l'honneur de souper avec nous. Allons, vite, vite, et puis le couvert ; car nous avons appétit. »

On se hâta d'obéir à la maîtresse du logis,

et, en moins d'un quart d'heure, la table fut couverte de légumes, de viandes et de fruits ; le tout fort simplement apprêté, mais très-proprement servi.

« Mme Martin, dit Geneviève pendant le souper, n'y a-t-il pas ici quelque bonne auberge où je puisse passer la nuit ?

— Mais, ne vous en déplaise, ma bonne dame, vous coucherez ici ; j'ai une chambre destinée à nos parents lorsqu'ils viennent nous visiter ; et je serais bien honorée qu'une charmante dame comme vous voulût y passer la nuit.

— Je l'accepte de bon cœur comme vous me l'offrez.

— Vous avez l'air fatiguée, Mme Geneviève ; il faut aller vous reposer. Rose, prends la lampe et conduis madame. Je souhaite que vous passiez une bonne nuit, Mme Geneviève. »

Geneviève suivit la jolie petite Rose dans une chambre dont tout le luxe était beaucoup d'ordre et de propreté ; et quoique sa couche fût un peu dure et que mille soucis remplissaient son esprit, un doux sommeil et de beaux rêves ne tardèrent pas à lui apporter leur fugitive consolation.

« Vraiment, mère Martin, tu nous a amené une charmante dame, dit le jovial fermier lorsque Geneviève se fut retirée. Où l'as-tu donc été pêcher?

— Je ne la connais guère mieux que vous ; mais, pour sûr, ce doit être quelque grande dame ruinée. Une fille du pays, qui est devenue demoiselle en servant à Lyon, me l'a amenée, et me l'a recommandée ni plus ni moins que si c'eût été une duchesse, et elle l'a embrassée plusieurs fois en lui disant adieu. Elles pleuraient toutes deux ; j'ai fait comme elles pour compagnie, et voilà tout ce que je sais. »

Le chant du coq et l'éclat du jour, que des volets mal joints laissaient pénétrer dans sa chambre, éveillèrent Mme Geneviève de bonne heure ; elle s'habilla, et descendit aussitôt à la cuisine, où elle trouva ses hôtes sur le point de déjeuner.

« Mettons-nous à table, madame, » dit la mère Martin, lui offrant une écuelle de lait tout chaud et un morceau de très-beau pain de ménage.

Geneviève accepta ce frugal déjeuner, et lorsqu'il fut terminé, elle dit à son hôtesse :

« Auriez-vous à présent le temps, Mme Martin, de me faire visiter la maisonnette dont vous m'avez parlé?

— Oui, madame, me voilà toute prête ; partons, si vous le voulez. »

Le hameau de M.... est situé au pied d'une montagne dont la pente douce est couverte de riches vignobles ; tout le pays qui l'environne présente l'aspect le plus pittoresque et le plus riant ; de gras pâturages, de beaux blés qui ondulent dans la plaine, et de grands arbres fruitiers enlaçant leurs branchages en ce moment chargés de fleurs, y offraient les vergers les plus embaumés et les plus attrayants du monde.

Geneviève sentait renaître en son âme le calme et le bonheur en parcourant cette belle campagne ; enfin elle aperçut la maisonnette à vendre, et sa situation sur le penchant d'un coteau lui convient à merveille.

Une salle assez grande, une petite cuisine au rez-de-chaussée et deux chambres au premier étage en formaient tout l'intérieur. Un lit garni d'un matelas et d'une épaisse couverture d'indienne, quatre chaises, une grande commode et un placard en bois blanc composaient tout l'ameublement des chambres; une longue table, plusieurs bancs et quelques ustensiles de ménage garnissaient le rez-de-chaussée.

La hutte de la chèvre était à côté de la maison, et Geneviève y vit avec plaisir tous les outils nécessaires pour cultiver la vigne et le jardin; mais ce qui lui fit pousser une exclamation de joyeuse surprise, ce fut deux beaux petits chevreaux qui étaient couchés auprès de leur mère.

« Oh ! oh, dit la fermière, la famille a augmenté pendant mon absence ; allons, Catherine en a eu bien soin.

— Voyez ce jardin, madame, il est aussi bien cultivé que le mien. »

En effet, les plus beaux légumes y croissaient, et les arbres couverts de fruits déjà échappés de leurs fleurs donnaient l'espoir de la plus abondante récolte.

« Et ce petit verger, poursuivit la mère Martin, n'est-il pas bien joli, Mme Geneviève ? voyez ce gazon, un brin d'herbe ne passe pas l'autre ; et cette vigne, les raisins n'y manqueront pas.

— Tout cela est fort bien, Mme Martin, et c'est moi qui vais acheter cette propriété.

— Pour tout de bon, Mme Geneviève ?

— J'y suis décidée ?

— Eh bien, vrai, j'aime mieux que ce soit vous que tout autre. Ce n'est pas parce que c'est la propriété de ma sœur, mais assurément vous ne serez pas fâchée de votre acquisition. »

Toutes les formalités nécessaires pour rendre Geneviève propriétaire de cette rustique maisonnette furent bientôt terminées. Dès le soir même, sa malle y fut transportée, et elle s'installa dans sa future propriété.

« Me voilà logée, se dit-elle ; j'aurai du laitage, des légumes et des herbages frais ; avec trois cents francs qui me resteront, je dois avoir du pain pour quelque temps ; et Dieu, je l'espère, avant que cette ressource me fasse défaut, viendra à mon aide. Je ne m'ennuierai point ici, car l'occupation ne m'y manquera pas : je cultiverai moi-même mon jardin ; j'apprêterai ma frugale nourriture... »

Hélas ! elle ignorait encore combien de peines donnent les plus simples aliments à ceux qui sont forcés de les cultiver et de les apprêter eux-mêmes.

Sa fortune avait diminué peu à peu ; mais les derniers malheurs qui la lui avaient entièrement enlevée, l'avaient surprise dans une situation qui lui permettait d'avoir encore alors plusieurs domestiques. Quel changement ! aujourd'hui elle est seule, entièrement seule.

Cependant les agréables pensées qui avaient contribué à lui procurer le sommeil le plus paisible, l'occupant encore à son réveil, elle se leva, et courut à son jardin s'essayer à la nouvelle besogne qu'elle voulait s'imposer ;

mais notre pauvre jardinière avait à peine la force de soulever les outils que la robuste Catherine maniait aussi facilement que ses fuseaux.

Bientôt couverte de sueur et accablée de fatigue et de tristesse, elle se retira dans sa chambre, et là, se livrant avec amertume aux plus douloureuses réflexions, sans la piété qui l'avait soutenue dans toutes ses peines, elle se fût sans doute abandonnée au désespoir; mais ce sentiment, unique consolation des malheureux, lui fit au contraire lever vers le ciel un regard plein de confiance, et s'écrier :

« Vous ne m'abandonnerez pas, Seigneur ! Pauvres créatures! nous naissons sans doute pour le travail, mais celui que je voulais entreprendre est trop au-dessus de mes forces.

Que ferai-je ici ? ne trouverai-je nul moyen de m'y rendre utile aux autres et à moi-même ? »

Elle en était là de ses réflexions lorsqu'elle entendit frapper tout doucement à sa porte, et la mère Martin, portant un joli rouet et quelques livres de beau chanvre, entra presque aussitôt, suivie de Rose qui tenait à la main une grande écuelle de lait.

« Votre chèvre n'a pour le moment que ce qu'il lui faut de lait pour nourrir ses chevreaux, dit la bonne femme. En voici de notre vache ; je vous apporte aussi, Mme Geneviève, une petit pain que j'ai fait tout exprès pour vous ce matin ; il est encore chaud, et vous feriez le tour du village que vous n'en trouveriez pas d'aussi beau.

— Votre bonté me confond, Mme Martin,

et je ne sais comment reconnaître......

— Ne parlons pas de cela, ça n'en vaut pas la peine. Voici qui vaut mieux, c'est un joli rouet et quelques livres de beau chanvre, qui appartenaient à ma sœur, et qui vous reviennent de droit; mais vous ne savez peut-être pas filer?

— Je le savais très-bien dans ma jeunesse.

— Eh bien! comme vous êtes fort jeune encore, vous ne devez pas l'avoir oublié.

— Est-ce un bon métier, que celui de fileuse, dans ce pays, Mme Martin?

— C'est le pire de tous, on donne dix sous par livre de fil fin comme vos cheveux.

— Un journalier pour cultiver mon jardin me coûterait-il bien cher?

— Non, madame, je vous procurerai un

jeune garçon qui fera votre ouvrage bien et à bon marché.

— Je ne suis pas riche, Mme Martin, j'ai eu de grands malheurs !...

— Du courage, ma bonne dame ! Chacun dans ce monde a ses peines, et moi qui vous parle j'ai eu les miennes. »

Après un moment de silence, la mère Martin reprit vivement :

« Mme Geneviève, savez-vous lire et écrire ?

— Oui, ma bonne mère, répondit Geneviève ne pouvant s'empêcher de sourire du doute qu'exprimait cette question.

— Eh bien ! je crois avoir votre affaire, j'ai à mon service un jeune et brave garçon qu'on appelle Antoine ; il est actif, laborieux ; en un tour de main il cultivera votre jardin et votre vigne. Depuis si longtemps il désire apprendre à lire et à écrire ; je ne puis pas le lui enseigner, moi, car je ne l'ai jamais su ; et si j'avais ce bonheur, ce serait d'abord à mes enfants que je le communiquerais... Le croiriez-vous, Mme Geneviève ! ah ! c'est une honte pour ce pays, depuis près de dix ans, il n'y a pas un pauvre maître d'école qui ait voulu s'y établir. Cependant, sans exagérer, il y a bien une trentaine d'enfants de ce village ou aux environs, enfants de bons fermiers, tous dans le cas de fort bien payer et de faire honneur à leur maître.... Mais, pour en revenir à Antoine, faites un arrangement avec lui ; il cultivera votre jardin, soignera votre vigne, et vous lui apprendrez à lire et à écrire.

— Envoyez-le moi, Mme Martin, et s'il ne

trouve pas que ce soit travailler à trop bon marché...

— Il serait bien sot, s'il ne profitait pas d'une pareille occasion ; et que ne donnerais-je pas pour que mes petites filles eussent le même bonheur ? Si j'osais, Mme Geneviève, vous faire une prière ?....

— Parlez, Mme Martin, et si la chose n'est pas impossible....

— Vous m'excuserez, si je suis indiscrète, ma bonne dame, mais vous allez vous ennuyer à mourir, toute seule dans cette maisonnette ; quelques petits marmots auxquels, sans trop vous fatiguer, vous feriez lire la leçon... il me semble que ça vous distrairait. Ne me comprenez-vous point ?

— Si fait, ma bonne mère, je vous comprends à merveille, et je réfléchirai là-dessus. Envoyez-moi demain vos petites filles, je veux commencer par elles.

— Ce n'est pas parce qu'elles sont à moi, que je vous le dis, mais elles vous feront honneur, j'en réponds; et maintenant faisons nos conventions, Mme Geneviève, je vous donnerai trois francs par mois et deux petits pains comme celui-ci par semaine.

— Non, Mme Martin, je n'acceptera absolument rien, ce sera un vrai plaisir pour moi.

— C'est inutile de contester là-dessus. La mère Martin, tout le monde le sait, est entêtée, et quand quelque chose est là, ajouta-t-elle en se frappant le front, il faut que ça se fasse. Eh! Mme Geneviève, vous n'auriez qu'à me faire un petit signe de consentement, et je vous amènerais tous les enfants du village. Vous auriez la plus belle école que l'on pût voir, et l'on ne dirait plus que les enfants de notre village sont aussi ignorants que leurs chèvres et leurs brebis.

— Je réfléchirai à ce que vous me proposez, je consulterai mes forces, et demain vous aurez ma réponse. »

Les réflexions de Geneviève furent bientôt faites; la mère Martin et ses bons conseils lui semblaient envoyés par la Providence. Le gros Antoine ne tarda pas à paraître, et leurs petits arrangements furent bientôt faits.

Il s'en retournait lentement, comme s'il avait eu quelque chose de plus à dire; encouragé par la bonté avec laquelle Geneviève lui avait parlé, il revint sur ses pas et se hasarda à lui faire une demande qu'il n'avait su d'abord comment exprimer : c'était d'avoir pour sa sœur Marguerite la même complaisance que pour lui-même.

« Marguerite, ajouta-t-il, est une fille de treize ans, bien sage, bien laborieuse ; elle fera votre ménage, soignera vos chèvres et sera toute à votre service.

— J'accepte ta proposition, Antoine, dit Geneviève ; demain amène-moi ta sœur. »

Restée seule, Geneviève se livra aux plus agréables réflexions. « Ne désespérons jamais de la Providence, se dit-elle ; je voyais ce matin l'avenir sous les couleurs les plus sombres, et je m'abandonnais au découragement ; voilà déjà que tout change de face pour moi : j'ai un jardinier, une servante et l'espoir de pouvoir me livrer à un travail utile aux autres et à moi-même. »

Ces riantes idées n'étaient point sans quelque mélange d'inquiétude ; il était en effet assez bizarre, pour une femme habituée à toutes les recherches du luxe, aux soins empressés d'une société nombreuse, de se voir tout à coup dans un village, obligée d'enseigner à des enfants ignorants et grossiers les arides éléments de la lecture et de l'écriture. Voyons comment notre héroïne va se tirer de la pénible tâche qu'elle est décidée à s'imposer.

Elle examina d'abord les livres qu'elle avait apportés pour se distraire dans sa solitude; quoiqu'ils fussent tous excellents, ils ne pouvaient guère servir à son entreprise; mais grâce aux fréquents voyages de la mère Martin, elle parvint sans peine à se procurer les ouvrages élémentaires dont la méthode facile et même amusante devait rendre moins pénible le travail de ses élèves.

Quinze jours n'étaient pas encore écoulés, et déjà Geneviève voyait réunis autour d'elle, grâce à l'active bienveillance de la mère Martin, une douzaine de petits garçons et autant de petites filles, auxquels elle donnait alternativement des leçons ; la matinée était pour les petites filles, l'après-midi pour les garçons.

Les parents de ces enfants, à l'exemple de la mère Martin, firent bientôt assaut de libéralité envers leur institutrice. Poulets, pigeons, beurre, œufs frais, arrivaient en abondance dans la maisonnette de Mme Geneviève.

Marguerite, qui était orpheline et dont la maîtresse d'école ne tarda pas à apprécier les bonnes qualités, finit par se fixer tout à fait près d'elle. Elle entretenait au logis le plus grand ordre et la plus agréable propreté ; elle gravait facilement dans sa mémoire les leçons de sa maîtresse. Geneviève s'aperçut bientôt qu'elle aurait un jour en elle une aide fort utile. En attendant, voici l'emploi qu'elle lui donnait.

Il ne manquait pas d'enfants dans le village, auxquels l'extrême misère de leurs parents interdisait de payer, malgré son modique prix, l'école de Mme Geneviève : elle imagina de réunir ces pauvres petits enfants quand la leçon des autres était terminée, et de leur faire enseigner par Marguerite le peu qu'elle savait ; et comme les connaissances de cette jeune fille s'augmentaient tous les jours ; sa classe marchait à merveille ; ne bornant pas là sa bienfaisance, sa maîtresse voulut que, tous les soirs, Marguerite fît souper avec elle ceux de ces enfants qui étaient bien exacts et bien attentifs à ses leçons.

Ce bienfait fut amplement récompensé par la reconnaissance et l'amour de tous les habitants du hameau et des environs; on ne parlait de Mme Geneviève qu'avec respect et admiration; aussi, faut-il l'avouer, rien n'était plus engageant et plus aimable que la maîtresse d'école.

Elle avait près de trente-six ans. Sa taille élevée, son regard imposant et doux, son teint pâli par le chagrin, mais d'une blancheur extrême, sa mise, dont la simplicité pouvait passer pour de l'élégance en ce pays, enfin, l'affabilité de ses manières, la bonté de son cœur, tout en elle était fait pour plaire même à des personnes plus délicates que les paysannes qui l'entouraient.

Le curé du village voisin, charmé de tout ce qu'il entendait dire de Mme Geneviève, voulut la connaître, et il devint bientôt son conseiller et son protecteur.

Geneviève ne tarda pas à avoir la satisfaction de voir ses élèves faire de véritables progrès, et montrer beaucoup d'aptitude et les plus heureuses dispositions. Mais ce n'était pas tout d'instruire ; il fallait aussi distraire, et en amusant former l'esprit et le cœur. Pour atteindre ce but, Mme Geneviève imagina de raconter des histoires. Lorsqu'on avait été bien docile et bien attentif en classe, on se réunissait vers le soir ; et chacun était tout oreilles pour écouter les récits que la maîtresse faisait avec beaucoup de charme.

Nous avons recueilli quelques-unes de ces historiettes, que nous nous proposons de publier successivement. Nous allons commencer par *la Bourse inépuisable*, et nous donnerons ensuite *l'Orpheline*, *l'Artiste*, *Maurice*... Puissent nos lecteurs y trouver le même agrément que les élèves de Mme Geneviève !

LA BOURSE INÉPUISABLE

« Pourquoi, disait un jour Julien, jeune et gros paysan dont les membres robustes et nerveux semblaient faits exprès pour l'utile et pénible tâche de cultivateur, pourquoi faut-il que toute l'année j'arrose de mes sueurs le pain noir et les aliments grossiers qui me nourrissent ? L'hiver même, si je ne veux point geler et mourir de faim dans ma misérable chaumière ; il me faut, comme aujourd'hui, courir me harasser de fatigue, pour chercher quelques pauvres branches de bois; tandis qu'à la ville de beaux messieurs et de belles dames passent tout leur temps à se parer de superbes vêtements, à chanter, à danser, à boire et à manger pendant des journées et des nuits entières, quittes pour dormir ensuite tant que leur paresse le veut. Pourquoi cette différence entre nous? ne suis-je pas bâti comme eux? ne serais-je pas tout aussi capable de goûter ces jouissances?... Injuste fortune! cruelle destinée!... Pourquoi suis-je allé à la ville? pourquoi ai-je vu de si près le bonheur des riches? Va-t'en, misérable cognée, va loin de moi; j'aime mieux endurer le froid que de continuer un travail si pénible. »

En achevant ces mots, il jeta loin de lui

son outil, s'étendit sur la terre glacée et resta quelques minutes dans une stupide immobilité.

Le bruit d'un élégant équipage qui traversait rapidement la grand'route, située à quelques pas de lui, le détourna de sa sombre rêverie, et, redoublant de mauvaise humeur, il s'écria : « Ce beau jeune homme si nonchalamment assis dans son carrosse, n'a-t-il pas des pieds aussi bien que moi, et n'est-il pas d'âge à savoir s'en servir ? Ah ! si j'avais comme lui le bonheur d'être riche, que je saurais bien user de ma fortune !... »

A peine avait-il prononcé ces mots, qu'un objet assez peu volumineux mais très-lourd tomba à ses pieds et attira toute son attention. Il y porte la main, le saisit, l'examine...

O surprise ! ô félicité ! C'est une bourse pleine d'or, sur laquelle sont écrits ces mots : *Bourse inépuisable.* « Elle est bien grande, bien remplie, dit le jeune paysan en la regardant d'un œil avide et en la soupesant dans sa main ; mais *inépuisable*, j'en doute. Voyons, il y a un moyen de s'en assurer. »

En même temps il se mit à vider dans son chapeau ce que la bourse contenait. Quel ne fut pas l'excès de sa joie, de sa surprise, lorsqu'il vit l'or couler à grands flots et remplir son chapeau sans que la bourse parût moins pleine que lorsqu'il l'avait ramassée !

Ravi d'une si extraordinaire rencontre, d'un bonheur si inespéré, il cacha dans son sein son précieux trésor, remplit ses poches de tout l'or qui s'en était échappé, et s'achemina au plus vite, non vers son village, mais vers une petite ville située à peu de distance du bois où il se trouvait.

Les plus riantes pensées, les projets les plus agréables l'occupèrent le long de la route.

« Je ne veux plus, se disait-il, retourner dans mon village; ma nouvelle fortune y ferait trop jaser. On dit que rien au monde n'est beau comme Paris, et que lorsqu'on est riche, on s'y procure aisément tout ce qui peut rendre heureux; c'est là qu'il me faut aller. Je n'ai plus ni père ni mère, ainsi nul ne s'inquiétera de mon absence. »

En raisonnant ainsi, Julien arriva à la ville; et huit jours après, notre paysan était déjà installé à Paris, dans un superbe hôtel. Bientôt il essaya d'y jouer le rôle de grand seigneur; et le nom de Julien lui paraissant peu assorti à sa nouvelle fortune, un adroit fripon, descendant en droite ligne des anciens Frontin, qu'il avait pris pour valet de chambre, lui persuada aisément qu'un pareil nom ne pouvait se passer de la particule signe de noblesse, et notre campagnard ne se fit plus appeler que M. de Saint-Julien.

Il eut bientôt un élégant équipage, de beaux chevaux, des meubles magnifiques; il donna de splendides festins, et se revêtit des habits les mieux coupés et les plus élégants; enfin il eut tout ce qui semblait convenable à sa nouvelle situation, excepté ce que tout l'or du monde ne pouvait lui donner, c'est-à-dire l'air distingué, l'usage du monde, l'esprit, l'instruction, les manières nobles et polies de la société à laquelle il cherchait imprudemment à s'assimiler.

Ses épaules larges et un peu voûtées, sa taille épaisse, ses traits vulgaires, son teint enflammé, ses gestes multipliés, ses attitudes grotesques, tout cet ensemble enfin, qui le faisait trouver au village un vigoureux et beau garçon, formait, sous les habits du fashionable, la plus divertissante caricature que le crayon capricieux des plus burlesques artistes ait jamais esquissée. Les bévues que lui faisait commettre à chaque instant, les sottises que lui faisait dire son manque absolu d'instruction et d'usage du monde, étaient bien pires encore.

Il donnait des repas où son intendant (auquel son inépuisable fortune lui permettait de donner carte blanche) réunissait tout ce que le bon goût et la magnificence peuvent inventer pour charmer tous les sens à la fois :

les mets exquis, les vins délicieux, l'or, l'argent, les cristaux, les fleurs semblaient s'y multiplier comme l'or dans la bourse de ce nouveau Crésus; enfin la plus suave mélodie se mêlait aux chants, aux joyeux propos des convives, durant le dessert. Aussi, attirés par tant de diverses jouissances, financiers, écrivains, artistes, poëtes venaient-ils, sans souci de l'origine de leur amphitryon, ranimer au feu du champagne, du bourgogne et du constantia, l'ardeur de leur génie; et les bons mots, les brillantes inspirations ne manquaient jamais à une table si délicatement et si somptueusement servie. Mais lorsque M. de St-Julien, tout fier de l'accueil que faisaient ses convives à la splendide recherche de sa table, se croyant lui-même quelque mérite, cherchait à faire briller son érudition ou son esprit, des choses si extraordinaires s'échappaient de son cerveau troublé par les vins généreux dont il avait peu l'habitude, de si burlesques anachronismes, de si plaisantes citations assaisonnaient ses grossiers propos, qu'il ne manquait jamais d'exciter parmi ses convives une délirante gaîté, à laquelle il prenait part lui-même, ne pouvant s'imaginer que l'admiration de ses bons mots n'en fût point la source.

Il cherchait souvent aussi à faire briller sa bonne grâce aux yeux des jeunes personnes dont la réputation de son immense richesse avait ébloui les parents; mais c'était alors surtout, qu'aussi ridicule que gauche, il imaginait des compliments si inattendus, et dont l'effet était si comique, que bien rarement les belles dames auxquelles il les adressait pouvaient garder la mauvaise humeur ou le sérieux que leur inspirait d'abord sa présence. Le pauvre Julien était toujours sûr de parvenir à les faire rire. Mais il ne tarda pas à être fatigué d'un genre de vie dont les inconvénients lui devenaient tous les jours plus insupportables. Quand, les fumées du vin dissipées, il reprenait le gros bon sens dont il avait été doué, il n'était point assez sot pour ne pas s'apercevoir qu'il était l'objet des railleries et des sarcasmes de ses convives même les plus assidus. Trop orgueilleux et trop ignorant pour reconnaître combien il les méritait, il en éprouvait un véritable chagrin. Joint à l'oisiveté, à la mollesse du nouveau genre de vie qu'il avait adopté, ce chagrin ne tarda pas à influer sur son humeur ; sa santé s'altéra ; quelques excès de table achevant de la détruire, il fut obligé de se soumettre à un régime très-rigoureux ; et alors éprouvant le supplice de Tantale, il se trouva au milieu de toutes ses richesses l'homme le plus malheureux du monde.

« Bizarre fortune ! s'écriait-il un jour où l'heure de midi le trouvait encore enseveli sous l'édredon et la soie dont sa couche de sybarite était couverte ; bizarre fortune ! n'ai-je reçu de toi des dons si excessifs, que pour être plus malheureux encore que je ne l'étais ? Détestable Paris, que suis-je venu chercher dans ton sein ? Tes spectacles m'ennuient, je n'y comprends rien. Leur bruit, leur mouvement, le fracas de la musique, l'air épais et malsain qu'on y respire, m'étourdissent, m'endorment, me rendent malade. Les arts dont tu es si fier, quoique je répande l'or à pleines mains afin qu'ils embellissent ma demeure et que je puisse passer pour connaisseur, semblent si peu faits pour moi, que lorsque je veux, comme tant d'autres, en parler à tort et à travers, on semble tenté de me montrer au doigt; et, tandis que les uns me rient au nez d'une manière malhonnête, d'autres me lancent poliment de ces mots auxquels, si je n'avais peur de passer pour un rustre, je répondrais par quelques bons coups de poing. Jusqu'à mes valets, tout le monde ici semble s'être donné le mot pour vivre et rire à mes dépens. Ah ! si je n'étais dédommagé de tant d'ennuis par l'espoir d'être bientôt le mari de mademoiselle Mélanie de Chatelard, je quitterais pour toujours ce maudit pays. Mais ma future est belle, jeune, noble, et quoique ses parents soient pauvres comme Job, elle a des manières de grande dame, de princesse. C'est vraiment merveilleux. Ah! il faut bien que j'aie plus de mérite qu'on n'a l'air ici de le croire et que je ne le suppose moi-même! Enfin elle m'est promise, et bientôt je me moquerai à mon tour des railleurs et les ferai danser à mes noces. »

Comme il achevait de prononcer ces mots, son valet de chambre, s'introduisant discrètement auprès de lui, l'avertit qu'un inconnu dont les allures avaient quelque chose de fort imposant demandait à lui parler sur-le-champ. Ne se connaissant aucun ennemi, il se hâta de se faire habiller et d'ordonner de faire entrer l'étranger.

Un homme enveloppé d'un long manteau,

et la tête couverte d'un chapeau à larges ailes, qui lui cachait une partie du visage, ne tarda pas à paraître : il marcha jusqu'à lui sans se découvrir, le toisa des pieds à la tête, d'une manière passablement insolente, et puis lui dit d'un ton où perçaient à la fois la colère et la menace :

« Etes-vous celui qu'on appelle M. de Saint-Julien ?

— Oui, monsieur, répondit celui-ci, tout troublé des manières excentriques de l'inconnu.

— Eh bien, faites retirer vos gens ; j'ai à vous parler en particulier. »

Quoique fort inquiet, et même un peu effrayé de cette singulière visite, Julien fit signe à ses valets de chambre de se retirer. Puis il dit à l'étranger du ton le plus poli :

« Monsieur désire-t-il quelque chose de moi ?

— Sans doute, répondit brusquement l'étranger ; vous m'avez offensé, monsieur, mortellement offensé !

— Moi ! serait-il possible ?

— Très-possible, puisque tandis que j'exposais ma vie pour la gloire de mon pays, vous avez osé demander et obtenir de ses avides parents la promesse d'être uni à celle que j'aime, et qui sous aucun rapport n'est faite pour vous. Homme impudent et audacieux, regardez-moi, et jugez si malgré toutes vos richesses vous êtes fait pour lutter avec un rival de ma sorte. »

En disant ces mots, il se débarrassa du chapeau et du manteau qui l'enveloppaient ; et la terreur de Julien fut à son comble en voyant un militaire couvert d'un riche uniforme ; des épaulettes de colonel brillaient sur ses épaules ; plusieurs croix couvraient sa poitrine ; sa taille haute, ses grosses moustaches, son regard fier et menaçant, tout atterra le malheureux paysan.

« Ah ! monsieur ! balbutia-t-il hors de lui-même, je n'ai jamais eu la pensée de vous offenser.

— Vous n'avez pas voulu m'offenser ? plaisante excuse ! dit l'officier transporté de colère. Vous n'avez pas voulu m'offenser, en profitant de l'avidité de parents aveugles pour obtenir la femme la moins faite pour vous qui soit au monde ! Vous n'avez pas cru m'offenser, en me donnant le ridicule d'avoir un rival de votre espèce ! Ah ! vous n'avez pas cru m'offenser ? l'excuse est étrange !

— Mais, monsieur, je vous proteste que j'ignorais....

— Monsieur, de pareilles offenses ne peuvent se laver que dans le sang. » Et, tirant fièrement son épée, il ajouta : « Vous voyez ce fer ; il n'a jamais été tiré en vain, et plus de trente imprudents qui m'avaient moins offensé que vous en ont reçu un juste châtiment ; il faut que cette arme décide notre querelle ; Melle de Chatelard vaut bien qu'on expose sa vie pour obtenir sa main.

» Ce soir, à cinq heures précises, je vous attends au bois de Boulogne ; j'y serai avec mes témoins, amenez les vôtres, nous réglerons sur les lieux mêmes les conditions du combat, et comme c'est une lutte à mort que je désire, ce sera bientôt fait.

— Mais, monsieur, je ne veux point me battre, moi !

— Vous ne voulez point vous battre ?

— Non, vraiment.

— Et vous osez, en face de moi, d'un défenseur de la patrie, d'un Français enfin, montrer cette insigne lacheté ?

— Oui, oui, je l'ose, dit Julien exaspéré par la peur et audacieux à force d'effroi.

— Vous ne voulez point vous battre ? mais moi, je saurai bien vous y forcer ; mon juste ressentiment vous poursuivra partout, et il n'est pas d'injure, d'offense que je ne mette en œuvre pour ranimer ce lâche cœur et le contraindre à me donner satisfaction. Adieu, monsieur ; avant la fin du jour, que vous le vouliez ou non, vous aurez l'honneur de me rencontrer. »

Et l'étranger, reprenant son manteau et enfonçant son chapeau jusque sur ses yeux, s'éloigna d'un air encore plus menaçant qu'il n'était arrivé.

« Ouf ! s'écria Julien quand le redoutable colonel eut franchi le seuil de son appartement, quel bonheur d'être délivré de ce sabre-tout ! Oh ! tu as beau t'en flatter, va, je te défie de me rencontrer jamais sur ta route, et je ne voudrais pas, pour toutes les princesses de la terre, passer au bois de Boulogne l'agréable quart d'heure que tu me prépares... Il m'a semblé, quand cette espèce d'ogre affamé de sang humain a tiré sa longue épée, que j'en sentais la pointe percer ma pauvre peau.... Dieu soit loué ! me voici délivré de ses regards de basilic, qui, à défaut d'autre arme, semblaient vouloir me transpercer ; mais d'un moment à l'autre il peut revenir, ne perdons pas une minute. »

Aussitôt il agita violemment sa sonnette. Son valet de chambre accourut ; il lui ordonna d'aller louer des chevaux de poste, de les faire atteler au plus modeste de ses équipages, et de venir l'avertir dès qu'ils seraient prêts à partir.

Surpris d'un pareil ordre et de l'agitation de son maître, le domestique obéit, non sans lui avoir, à la dérobée, jeté plus d'un de ces regards narquois qui exaspéraient Julien ; il les surprit et y répondit par un geste impérieux. Une heure après, notre héros, soigneusement renfermé dans une voiture et se dérobant à tous les yeux, roulait rapidement sur la grand'route, abandonnant sans regret à qui voudrait les recueillir, son superbe hôtel, ses meubles somptueux et son caveau regorgeant des vins les plus exquis.

En peu de temps il fut à plus de cent lieues de Paris. Malgré cela, sa frayeur ne pouvait se calmer : le bruit d'un éperon, l'aspect d'une épaulette le faisaient tressaillir, l'épouvantaient; partout il croyait voir l'épée de son redoutable rival, comme celle de Damoclès, suspendue sur sa tête; et son imagination troublée ne lui offrait en songe, durant la nuit, que la figure menaçante du redoutable colonel. Ne pouvant résister à ce tourment insupportable, il résolut de quitter la France, et pour plus de sûreté, de mettre la mer entre son adversaire et lui.

Il avait entendu parler avec enthousiasme des sites pittoresques, de la beauté, de la richesse du Nouveau-Monde ; il résolut de le visiter, et s'embarqua au Havre sur un navire qui faisait voile pour les Etats-Unis.

Il est peu de situations où la richesse ne procure certaines jouissances. Julien en fit l'épreuve les premiers jours qu'il passa à bord. Servi avec empressement par ceux qu'il payait avec la plus grande libéralité, et délivré de l'obsession incessante qui depuis la visite du colonel avait torturé son esprit, il se livra au plaisir de la bonne chère et des gais propos avec les marins qui l'entouraient et que sa facilité à semer l'or émerveillait. Il trouva ainsi la navigation la chose du monde la plus amusante; mais le vent étant devenu contraire, la traversée se prolongea au delà de toute prévision; et le gros temps empêchant le navire de prendre terre, les vivres y devinrent rares. Julien fut réduit comme les autres aux plus grandes privations; et plus d'une fois, ne pouvant, malgré tout son or, se procurer autre chose qu'un peu de biscuit aussi dur que la pierre et de l'eau tiédie par la chaleur, il regretta le bon pain de ménage, les pommes de terre, le laitage et la salade fraîche et fortement assaisonnée qui au village ne lui manquaient jamais.

L'oisiveté à laquelle il était réduit, et que son esprit inculte ne lui permettait de distraire par aucune des occupations dans lesquelles l'homme instruit sait charmer ses loisirs, l'oisiveté qu'il regardait autrefois comme une jouissance, depuis qu'elle était forcée, lui devenait insupportable. Fatigué du spectacle sublime, mais qu'il trouvait horriblement effrayant, de la mer houleuse sur laquelle il était ballotté, il se prit à évoquer le souvenir de ces riantes campagnes, de ces frais tapis de verdure, de ces paisibles forêts où il trouvait autrefois tant de jouissances dont il connaissait si peu le prix; des larmes mouillèrent ses yeux; il regretta jusqu'à ses travaux champêtres, sa charrue et ses bœufs, et se prit plus d'une fois à maudire la sotte ambition qui lui avait fait désirer ce bonheur trompeur qu'on nomme opulence.

Un soir qu'il se livrait à ces tristes pensées, il fut tout à coup tiré de sa rêverie par une violente secousse; le vaisseau qui le portait était assailli par une de ces tempêtes que les marins nomment grain. Le pauvre Julien, dont le courage n'était point la vertu dominante, se crut perdu, et se livra à tous les excès de la plus honteuse faiblesse ; il gémit, pleura, implora la pitié de ceux qui l'entouraient ; mais comme tous couraient le même danger que lui, ils étaient insensibles et sourds à ses prières ; cependant il offrait l'or à pleines mains à celui qui le ferait parvenir jusqu'à une petite île fort escarpée qu'on apercevait à la lueur des éclairs. Personne ne l'écoutant, dans son dépit, il allait jeter au fond de la mer cette bourse inépuisable, qui lui devenait un inutile fardeau, lorsqu'un violent coup de tonnerre, qui le fit tomber sur le pont à moitié mort de frayeur, l'arrêta. Au même instant, poussé par un vent furieux, le vaisseau alla se briser contre cette île, où nos malheureux navigateurs avaient un moment espéré trouver un refuge.

Tous périrent dans cette nuit affreuse. Julien seul, jeté vivant sur le rivage, au milieu des débris du vaisseau, reprit après quelques minutes l'usage de ses sens ; quoique son corps fût moulu de coups, et que ses vêtements fussent tout en lambeaux, il eut la force de se soulever, de se soutenir sur ses jambes meurtries et de marcher. Le froid de la nuit pénétrait ses membres sous ses vêtements trempés d'eau et le faisait grelotter. A chaque pas qu'il essayait de faire sur la plage, il se heurtait contre le cadavre d'un de ses compagnons d'infortune ou contre les débris du navire, jetés sur le rivage par la lame encore grondante et furieuse. Heureusement qu'un clair et brillant soleil ne tarda pas à darder ses rayons enflammés, et Julien, à sa douce chaleur, sentit ranimer sa force et son courage.

Il s'éloigna avec horreur de la plage où le plus hideux spectacle de destruction et de mort se renouvelait sans cesse à ses yeux, et il se mit à gravir la ceinture de rochers qui entourait l'île. Dès qu'il fut arrivé sur leur crète, son œil chercha en vain à découvrir, sur la plaine qui s'étendait au loin, quelque trace de végétation; pas un arbuste, pas la plus légère couche de gazon ne s'élevait sur son sol aride et rocailleux. Il descendit tristement par une pente rapide jusqu'à cette campagne aride et désolée, et y marcha longtemps sur un sable brûlant et des cailloux aigus.

Vainement il prêtait l'oreille la plus attentive aux bruits lointains; ni le murmure de l'eau, ni le frémissement du feuillage, ni le ramage des oiseaux ne venaient le flatter d'une douce espérance. C'était toujours le sourd grondement de l'Océan qui le faisait frémir de terreur, et pas un seul brin de mousse ne reposait son œil fatigué de la réverbération ardente du soleil. Epuisé de souffrance, mourant de faim et de soif, il se laissa tomber sur le sable, où il n'avait plus la force de marcher, et il exhala ainsi ses plaintes et ses reproches :

« C'était donc pour me rendre le plus misérable de tous les hommes, cruelle destinée, que tu m'avais flatté des plus agréables illusions! Fortune! à quoi m'ont servi tes dons, si ce n'est à me rendre mille fois plus malheureux que je ne l'étais? Mourant dans ce désert, de misère et de faim, à quoi me sert ce trésor inépuisable? Fée ou génie cruel qui m'avez fait ce don, reprenez-le, et rendez-moi ma pauvre masure, ma couche de paille, mon pain noir et mes rustiques travaux. »

Il achevait à peine ces mots, qu'un grand coup de tonnerre ébranla toute l'île et la fit vaciller comme un navire sous la raffale; l'obscurité la plus profonde lui succéda; en même temps il vit descendre vers lui, sur un nuage d'or, une femme d'une grande beauté. Sa robe était éblouissante de blancheur, une couronne de diamants ceignait son front, sa ceinture et son voile en étaient parsemés, et sa main était armée d'une baguette d'or.

« Ingrat, dit-elle en jetant sur Julien des regards pleins de colère, j'ai écouté tes plaintes, j'ai eu pitié de ton sort, je t'ai fait le plus beau don qu'un mortel puisse attendre de ma bonté, et tu te plains encore! Je suis la fée Brillante, je préside aux richesses; tu te plaignais de la misère, et je t'ai fait le plus riche des hommes. Mes faveurs, dis-tu, t'ont rendu malheureux. Ah! ne t'en prends ni à moi ni à mes dons; mais à toi seul, puisque tu n'as pas su faire de la fortune l'usage auquel elle est destinée et qui peut seul rendre heureux celui qui la possède. Egoïste, tu n'as songé qu'à jouir; je veux que tu apprennes d'un autre le noble emploi que l'on doit faire de mes dons. Alors tu reconnaîtras que tout le monde n'est point fait pour porter avec honneur le poids d'une grande fortune, que celle-ci n'exempte point l'homme du travail auquel l'assujettit sur la terre une main toute-puissante; qu'enfin tes plaintes sur ton sort étaient injustes, et que tu n'étais propre qu'à l'état auquel le Ciel t'avait destiné.

» Dors, ajouta-t-elle en le touchant de sa baguette ; à ton réveil tu seras en France, et tu remettras ta bourse inépuisable au premier homme qui s'offrira à tes regards, en lui imposant, pour seule condition, de te permettre de le suivre pendant une année entière ; c'est la seule punition que j'impose à tes murmures et à ton égoïsme. »

Ces derniers mots se perdirent dans les nuages où la fée Brillante disparut, tandis que Julien tombait dans un profond assoupissement.

Rien ne saurait égaler les joyeux transports auxquels se livra notre héros, lorsqu'en s'éveillant il se trouva étendu sur une épaisse couche de foin, dans une prairie fraîchement fauchée, sous un pommier chargé de fruits; des troupeaux étaient dispersés çà et là autour de lui; il entendait le gazouillement des oiseaux, le frémissement du feuillage et le murmure d'un filet d'eau cristalline qui coulait à peu de distance.

Tous ces objets excitaient son admiration comme s'il n'avait jamais joui d'un pareil spectacle, et il ne concevait pas comment, en un lieu auquel son souvenir prêtait tous les charmes des champs qui l'environnaient, il avait pu se trouver malheureux.

Julien n'était point encore sorti de l'espèce d'extase où l'avait plongé le changement subit de son sort, lorsqu'un homme s'offrit à lui. Il paraissait approcher de sa quarantième année, et jamais physionomie plus bienveillante et plus noble n'avait frappé les regards de Julien, qui se rappela à l'instant l'ordre qu'il avait reçu de la fée, et se hâta de l'exécuter.

Loin de recevoir ce présent avec les joyeux transports qui avaient failli tourner la tête du pauvre Julien lorsqu'il lui échut, l'inconnu parut hésiter un moment à l'accepter.

« Je sens, dit-il enfin en soupirant, toute la grandeur des obligations que va m'imposer une fortune si extraordinaire, mais je ne reculerai pas devant elles. Il m'eût été plus doux de continuer à vivre ici dans une paisible obscurité; le Ciel en ordonne autrement; eh bien, remplissons, autant qu'il est en notre pouvoir, la grande tâche qu'il nous impose. Venez, mon ami, venez vous reposer et prendre quelques rafraîchissements dans cette maisonnette que vous voyez à l'extrémité de cette prairie. J'accepte la condition que met la fée Brillante au riche présent qu'elle vous a chargé de me faire : pendant une année entière nous ne nous séparerons point. »

L'invitation de l'inconnu ne pouvait arriver plus à propos pour Julien, dont l'estomac éprouvait de mortelles défaillances ; bientôt un déjeuner qu'il trouva délicieux vint les calmer. Alors il considéra attentivement l'habitation de son hôte ; tout y respirait l'ordre, l'économie et la simplicité. M. de Saint-Ange, ainsi se nommait le nouveau possesseur de la bourse inépuisable, quoique d'une famille noble et riche, était arrivé, par la perte successive de sa femme, de ses enfants, de sa fortune, au plus triste état de détresse et d'isolement ; cependant la fermeté de son caractère, un moment abattu par l'adversité, n'avait pas tardé à se réveiller. Des débris de ses biens il avait acheté l'espèce d'ermitage où il s'était confiné, et dans lequel il vivait solitaire, suffisant à ses besoins par une triste économie, et parvenant souvent même, grâce à cette vertu, à soulager la pressante misère des pauvres paysans, dont il était la providence dans les moments de grande détresse.

Julien était curieux de savoir l'emploi que ferait de sa nouvelle fortune cet homme qui ne lui en paraissait guère plus digne que lui.

« Nous partirons sous peu de jours pour Paris, » lui dit dès le soir même le nouveau favori de la fée Brillante.

« Bon ! se dit Julien, il débute comme moi, et comme il n'a guère mieux les beaux airs et la tournure des fashionables qui se sont tant réjouis à mes dépens, il ne sera, je pense, guère plus heureux à Paris que je ne l'ai été. »

Pendant le peu de jours qu'ils passèrent au village, Julien eut le loisir d'exercer son activité en suivant M. de Saint-Ange. C'était tantôt chez une pauvre veuve délaissée, isolée, accablée de misère, tantôt dans la chaumière de l'infirme, du père de famille chargé d'enfants et accablé par la maladie. Tout ce qui souffrait, tout ce qui avait besoin de secours, recevait de ses généreuses mains, avec une bienveillance qui doublait le prix de ses dons, ce qui pouvait adoucir ou faire cesser sa souffrance. Il dota les pauvres jeunes filles qui, faute de bien, ne pouvaient s'établir, et se chargea du sort des pauvres orphelins. En les plaçant chez des cultivateurs indigents eux-mêmes, il assura, par une pension suffisante à leur besoin, le bien-être des uns et des autres, et fit à la fois plusieurs heureux.

Julien admirait avec quel discernement, quelle sagesse le nouveau favori de la fortune distribuait ses bienfaits.

« Ah! se disait-il, combien dans mon village n'aurais-je pas trouvé de semblables misères à secourir! Mais, il faut l'avouer, je n'ai songé à partager ma bonne fortune avec personne. »

Cependant M. de Saint-Ange paraissait très-pressé de partir pour Paris. « C'est là, disait-il à Julien, que doit d'abord se rendre toute personne qui peut répandre beaucoup d'or; Paris est le centre de tous les plaisirs, de toutes les jouissances que peut procurer l'industrie humaine; mais c'est aussi là que le vice, la misère et le malheur règnent secrètement avec le plus d'intensité. »

Le voyage de nos deux héros fut rapide; ils arrivèrent sans incidents remarquables en cette grande et magnifique cité, beaucoup plus désirée de l'un que de l'autre; car le colonel qui avait tant effrayé Julien lui revenait quelquefois en la mémoire; cependant il espérait, que grâce au changement de costume qu'il avait jugé à propos de faire, et à l'humble et nouvelle position qu'il occupait alors, échapper aux recherches d'un rival qui sans doute ne pensait plus à lui.

Bientôt M. de Saint-Ange acheta plusieurs superbes hôtels, qu'il se mit à orner de meubles, de statues, de bronzes, de tableaux, d'un grand nombre d'objets d'art ou de luxe. « Il va faire comme moi, disait encore Julien, je le vois tomber dans les mêmes panneaux. » Cependant il acheta une maison d'un extérieur fort simple qu'il meubla d'une manière plus commode que fastueuse, et il y fixa sa demeure; il prit à ses gages plusieurs domestiques, qu'il trouva le moyen d'occuper de la manière la plus utile à ses desseins; enfin il revit plusieurs de ses anciens amis, la plupart hommes de grand mérite, et résolut, pour se délasser des rudes travaux auxquels il allait se livrer, de les réunir une fois la semaine chez lui, et là de se livrer au charme d'une conversation assaisonnée d'esprit, d'instruction, et surtout de vues sages dont il faisait son profit et son plaisir.

M. de Saint-Ange commença par s'associer aux diverses œuvres de charité, et aux institutions établies pour l'encouragement de l'industrie, des arts et des sciences; la bourse inépuisable lui donnait le moyen d'être un des membres les plus utiles de ces diverses associations. Il déposa de fortes sommes entre les mains des vénérables pasteurs qui répandent avec tant de zèle sur les pauvres la bienfaisante rosée de la charité; et voulant participer plus activement encore aux œuvres de miséricorde dont il avait une source si féconde entre les mains, aidé des renseignements que lui procuraient ses nombreux et zélés serviteurs, il se mit à chercher de toutes parts, et il ne tarda pas à faire une ample récolte de ces misères cachées, profondes et d'autant plus poignantes que, semblables à la sensitive, quand une main un peu rude vient les toucher, elles se replient sur elles-mêmes, se dissimulent et voudraient se dérober à tous les yeux.

M. de Saint-Ange se levait dès la pointe du jour; il réglait l'emploi de la journée de ses domestiques, et, après un léger repas, sortait à pied avec Julien. Suivant les renseignements qu'il avait recueillis la veille, il dirigeait ses pas tantôt vers la mansarde dont son compagnon ne gravissait point sans soupirer la longue spirale d'escaliers glissants et obscurs, mais où pour prix de leur peine, ils trouvaient de profondes misères à adoucir, des cœurs ulcérés ou découragés à consoler; tantôt vers des caveaux infects et malsains ou d'étroites soupentes qui semblaient plutôt faites pour des animaux que pour des créatures humaines. Un peu d'or arrachait à ces sépulcres anticipés de pauvres êtres que la reconnaissance réveillait de l'espèce de torpeur où les avait plongés la misère, et chez lesquels le sage dispensateur de tant de bienfaits ramenait, avec le bien-être, la religion, la vertu, le travail et le bonheur.

Son activité naturelle, la bonté de son cœur, cet enthousiasme qu'inspire à une âme généreuse la pensée d'être utile à ses semblables et de faire des heureux, soutenaient M. de Saint-Ange, et quelquefois même lui faisaient oublier que les heures destinées à réparer leurs forces par les aliments et le repos indispensables au soutien de la vie étaient arrivées. Le pauvre Julien, qui n'était point animé par ces nobles motifs, le lui rappelait d'une manière si pitoyable qu'il ne manquait jamais de le toucher et de le ramener aux heures accoutumées à son logis.

Lorsque toutes leurs courses étaient terminées, M. de Saint-Ange réunissait ses domestiques, les interrogeaient sur la manière dont ils avaient exécuté les ordres qu'il leur avait donnés, prenait note des renseignements qu'ils avaient recueillis, et après le repas du soir, il prenait congé de Julien et allait se livrer aux douceurs d'un repos bien mérité.

Le pauvre Julien, harassé de fatigue et mourant d'ennui, jugeait que ses travaux champêtres étaient de véritables plaisirs auprès de ceux auxquels il était contraint de se livrer; il se rappelait avec chagrin les fêtes de son village, ces joyeuses réunions, ces banquets un peu bruyants, un peu frugals, mais que la grosse gaîté des campagnes lui rendait mille fois plus agréables que les réunions où M. de Saint-Ange et ses amis, s'occupant de sciences, d'art et de hautes questions de morale très-peu à la portée de son intelligence, faisaient mourir d'ennui l'ignorant paysan. Dans son dépit, il maudissait cent fois l'instant où il avait désiré la fortune, et convenait de bonne foi qu'il n'était point fait pour elle.

On était parvenu à la saison la plus rigoureuse de l'année; un froid excessif ajoutait de nouvelles souffrances à celles des malheureux que tourmentait la misère. La tâche que s'était imposée M. de Saint-Ange devenait de plus en plus pénible, mais ses forces et son courage semblaient croître avec elle.

« J'aurais, disait-il souvent à Julien, moins de peine si je voulais, prodiguant l'or au hasard, le répandre également sur le véritable pauvre et sur celui qui feint de l'être, sur l'honnête homme et sur l'homme vicieux; mais cette manière de faire le bien a trop de danger, car l'or est une arme puissante qui peut faire de grands ravages lorsqu'elle tombe en de mauvaises mains.

— Je comprends cela, lui répondait en soupirant Julien ; mais vous êtes assurément le seul riche qui se donne tant de soins pour le bonheur d'autrui.

— Vous vous trompez, mon ami, il est encore, plus que vous ne pensez, de ces hommes qui prennent le devoir pour règle et qui comprennent les obligations attachées aux richesses. Au surplus, je dois faire exception, puisque je suis le seul dont les trésors sont inépuisables ; plus une fortune est grande, plus elle impose de charges. Voilà pourquoi les grands, les princes, les souverains ont une tâche si difficile à remplir.

— Ce que vous dites doit être fort vrai, car en toutes choses je reconnais que vous avez toujours raison et que vous en savez cent fois plus que moi. Mais cependant, monsieur, vous me ferez bien difficilement croire, que si, au lieu de nous éreinter à courir à pied du matin au soir, nous roulions dans un bon carrosse, le bien que vous faites aurait moins de mérite.

— Je suis fâché que vous ne compreniez pas mon but en agissant ainsi. D'abord, dans une occasion où la fortune me favorise si gratuitement, je ne puis avoir d'autre mérite que la peine que je prends pour bien l'employer. Pensez aussi que l'aspect d'un tel luxe pourrait blesser, intimider quelques-uns des malheureux que j'aime à secourir moi-même : ils seraient moins libres, moins familiers avec moi; les bienfaits que je répands sur eux deviendraient une chose publique, et par conséquent froisseraient l'amour-propre des uns, la délicatesse des autres, car il est certains cœurs qui deviennent d'autant plus hauts que leur fortune est plus humble. Enfin je pourrais soulager encore leur misère ; mais les souffrances de ces pauvres cœurs endoloris, blessés, je ne pourrais plus les adoucir, les calmer et les ramener insensiblement aux puissantes consolations de la vertu, de la religion, leur confiance me fuirait, et je n'aurais plus d'empire sur eux.

— Permettez-moi, monsieur, de vous faire encore une observation. Pourquoi, alors, cet inutile luxe de voitures et de chevaux ? pourquoi vous, qui vivez dans une maison aussi simple que celle d'un petit rentier, avez-vous des hôtels ornés de beaux meubles, de glaces, de tableaux ?

— Parce qu'il faut que le riche, outre le soulagement qu'il doit à l'indigent, sache encore encourager, par une libéralité conforme à sa position, l'habile et ingénieux ouvrier, l'artiste de génie, qui sans lui mourraient de faim en face de leurs chefs-d'œuvre; parce que Dieu lui a donné la tâche d'encourager les sciences, les arts, l'industrie, l'agriculture, le commerce. »

Julien trouvait tous ces raisonnements fort beaux; mais quelquefois il était sur le point de perdre patience, tant lui semblait insupportable le genre de vie auquel il était condamné.

Un soir que tous deux se disposaient à rentrer un peu plus tôt que de coutume, pressés par l'extrême rigueur du froid, Julien, se trouvant de quelques pas en arrière de M. de Saint-Ange, remarqua au tournant d'une rue une pauvre enfant dont l'extérieur annonçait la plus grande misère.

« Ah ! monsieur, dit-elle, au nom du Ciel, venez au secours d'une malheureuse famille qui meurt de faim. »

Contrarié de cette rencontre, au moment où il espérait aller, au coin d'un bon feu, se réchauffer et prendre un repas que son estomac réclamait impérieusement, Julien lui répondit à demi-voix, dans la crainte d'être entendu de M. de Saint-Ange :

« Donnez-moi votre adresse. Ce soir c'est impossible; mais demain nous viendrons vous secourir.

— Demain! s'écria l'enfant, demain il ne sera peut-être plus temps. »

Cette exclamation douloureuse parvint jusqu'à M. de Saint-Ange ; il comprit ce qui se passait entre la pauvre fille et Julien, et revenant à l'instant sur ses pas, il dit à la première :

« Mon enfant, où sont les malheureux dont vous parlez ? c'est ce soir, c'est à l'instant même qu'il faut leur porter secours. Montrez-nous le chemin, nous vous suivrons. »

La jeune fille ne se fit pas répéter cette invitation, et elle se mit à marcher devant eux avec une telle vitesse que M. de Saint-Ange et Julien avaient beaucoup de peine à la suivre. Ils arrivèrent bientôt devant une maison de la plus misérable apparence ; la petite fille y entra et monta sans s'arrêter jusqu'au cinquième étage ; ils l'y suivirent ; là elle ouvrit une porte, et le spectacle le plus déchirant s'offrit à leurs regards.

A la clarté d'une lampe qui jetait une lueur sépulcrale sur un misérable galetas, ils aperçurent une femme couverte de haillons; elle tenait la main d'un homme étendu sur un matelas et la couvrait de larmes; trois petits enfants couchés sur de la paille, de temps en temps demandant du pain ou se plaignant du froid, ajoutaient tout ce qu'il est possible de plus poignant à cette scène de souffrance.

Au bruit que fit la petite en entrant, la pauvre femme leva la tête.

« Est-ce toi, Louise? dit-elle, apportes-tu quelques secours pour notre malade, pour ces pauvres enfants?

— Oui, ma mère, j'ai rencontré de braves gens qui, touchés de notre misère, viennent tout exprès pour la soulager. »

A ces mots, la jeune femme cacha son visage dans ses mains.

M. de Saint-Ange, s'approchant d'elle, lui parla avec cette éloquence d'autant plus persuasive qu'elle part d'un cœur plus profondément touché, et parvint à lui faire accepter les secours qu'il lui apportait.

« Je pourrais, dit la jeune femme en baissant les yeux, refuser vos bienfaits, si je souffrais seule ; mais ces pauvres enfants qui manquent de tout, mais ce malheureux qui va mourir faute des soins d'un médecin!... »

Le malade l'interrompit à ses mots, et faisant un effort pénible pour parler :

« Le plus pressé, dit-il, cst de procurer quelques aliments à ma femme, à mes pauvres enfants, qui pour moi se sont enlevé jusqu'à leurs dernières ressources, et qui depuis hier manquent même de pain. »

Cet aveu fit frémir M. de Saint-Ange. Il prit la main de Julien qui pleurait comme un enfant.

« Venez, dit-il, tant de maux réclament autre chose que des larmes. »

Ils sortirent, et en moins d'une demi-heure M. de Saint-Ange revint avec un médecin. Julien les suivait, chargé d'une corbeille d'où s'exhalait une odeur succulente qui saisissait agréablement l'odorat.

Le docteur, après avoir examiné le malade, assura que moyennant de prompts secours il serait bientôt hors de danger; il se hâta donc de faire une ordonnance, qui fut à l'instant même exécutée. Durant ce temps, Julien, ayant allumé du feu, se mit à réchauffer les membres glacés des petits enfants ; il étala ensuite devant eux des mets qui depuis longtemps n'avaient frappé leurs regards et auxquels ils n'osaient toucher ; le docteur, craignant qu'une nourriture trop abondante ne fût préjudiciable à ces pauvres petits estomacs, délabrés par une trop grande abstinence, leur permit seulement les mets les plus légers. M. de Saint-Ange jouissait de la joie et du bonheur qu'ils apportaient dans cette malheureuse famille ; et un sentiment dont il ne se rendait pas compte, le portait à prolonger sa visite.

Un profond sommeil ayant bientôt fermé les yeux des petits enfants, on les coucha le mieux que l'on put sur de la paille ; et M. de Saint-Ange et Julien, les ayant eux-mêmes couverts de leurs manteaux, prirent congé de cette intéressante famille, et s'en furent grelottants, mais le cœur si satisfait du bien qu'ils venaient de faire, que ni l'un ni l'autre ne songea à s'en plaindre.

Le lendemain, avant le jour, Julien se trouva à la porte de l'appartement de M. de Saint-Ange.

« Comment, mon ami, vous êtes déjà là ? lui dit celui-ci ; en vérité, je vous fais compliment ; je n'avais pas, jusqu'à cette heure, assez apprécié la bonté de votre cœur.

— Ah ! monsieur, ne vous pressez pas de me louer, je ne le mérite guère.

— Pourquoi cela ? votre zèle hier à secourir cette malheureuse famille, l'émotion qui remplissait votre cœur, rien ne m'a échappé.

— Il est vrai, j'étais fort ému; je commence à comprendre. Il est impossible de vivre avec vous et d'être témoin de tout ce que je vois, sans se sentir touché. Il faudrait avoir le cœur plus dur qu'un rocher. Mais, monsieur, je ne suis pas capable de faire le bien comme vous le faites. Il est temps que mon année finisse; ma place est aux champs.

— Je ne vous retiendrai pas au delà du terme fixé, répondit M. de Saint-Ange; mais jusque-là nous continuerons à rester et à agir ensemble. Vous savez que vous n'avez plus longtemps à attendre. Allons revoir notre malheureuse famille. »

Bientôt Julien et son infatigable guide s'enfoncèrent dans le dédale des rues les plus populeuses de Paris; ils rencontrèrent sur leur route, à l'angle d'une petite place dont le nom m'a échappé, une jolie maisonnette que le soleil levant caressait d'un de ces rayons d'hiver dont la chaleur est si douce. Sur la façade était apposé un écriteau portant ces mots : *Maison à vendre.* Ils y entrèrent. M. de Saint-Ange l'examina, et se décida sur-le-champ à l'acheter avec les meubles qu'elle renfermait.

Il dirigea ensuite ses pas vers la pauvre mansarde, où des cœurs pénétrés de reconnaissance l'attendaient impatiemment. Lorsqu'il y arriva, le docteur était déjà près du malade, qu'il trouvait beaucoup mieux ; l'effet de ses soins commençait à se manifester de la manière la plus satisfaisante, et la jeune femme semblait, en même temps que le mourant, renaître à la vie.

Dès qu'elle aperçut son bienfaiteur, elle le montra à ses enfants, qui l'entourèrent, et leurs joyeux transports, la naïve expression de leur reconnaissance, leurs vives caresses touchèrent M. de Saint-Ange au point qu'il ne put retenir quelques larmes.

« Ah ! monsieur, dit la jeune mère en prenant une de ses mains et la pressant avec une affection pleine de modestie, ne cherchez pas à cacher une émotion digne d'un cœur tel que le vôtre. Lorsqu'on met tant de zèle et de bonté à secourir des malheureux abandonnés de tous, il est bien permis de jouir des transports de leur reconnaissance.

» Je ne saurais, pour prix de tant de bienveillance et d'humanité, vous offrir autre chose qu'une entière confiance ; sachez donc ce que nous cachons à tout le monde, notre nom, et de quelle position heureuse, brillante même, nous sommes tombés dans l'excès de misère où vous nous trouvez aujourd'hui.

» Mon mari se nomme de Richemont, je portais le même nom, des liens de parenté nous unissaient. Je fus orpheline tout enfant; son père était mon oncle et mon tuteur, et l'unique appui que nous eussions. Dès le berceau je fus destinée à mon cousin; et nous étions bien jeunes lorsque, pour satisfaire notre mutuelle affection, mon oncle nous unit. Les premières années de notre mariage furent les plus douces dont on puisse jouir en ce monde; la perte de notre protecteur fut notre première peine; malheureusement elle en entraîna une foule d'autres. Nous étions jeunes, imprudents, amateurs de luxe, de fêtes, de plaisirs; nous

nous livrâmes à des dépenses excessives, et ne nous aperçûmes que nous marchions à notre ruine que lorsqu'elle fut consommée. Alors, abandonnés de tous les faux amis dont les perfides conseils avaient contribué à nous perdre, nous allâmes cacher notre humiliation et notre misère dans ces réduits reculés, qui semblent à ceux qui ne hantent que les opulents et magnifiques quartiers avoisinant le Louvre et les Tuileries, aussi tristes que les plus pauvres villages. Cependant nous cherchâmes à utiliser les talents que nous devions à une éducation brillante. Je ne vous fatiguerai point par le détail des obstacles, des déceptions, des cruels déboires qui alors nous assaillirent, et du découragement qu'ils produisirent en nous. Rebuté par tant d'inutiles tentatives, mon mari voulut se livrer aux travaux les plus pénibles ; mais sa santé, que le chagrin avait déjà altérée, ne put y résister ; le désespoir s'empara de lui et le réduisit en l'état où vous l'avez vu. Moi-même j'y aurais succombé, si la religion, cette dernière ressource des malheureux, ne m'eût soutenue. »

M. de Saint-Ange, qui avait paru par moment fort agité pendant le récit de Mme de Richemont, se leva vivement, et la pressant dans ses bras avec une affection toute paternelle, « Ma chère fille, lui dit-il, comment n'avez-vous pas songé, en cette grande détresse, à l'unique parent qui vous restait encore, à M. de Saint-Ange ? heureusement que le hasard, ou plutôt la Providence, y a songé pour vous.

— Quoi ! dit la malade en se soulevant avec effort et tendant la main à son bienfaiteur, quoi ! vous seriez ce parent dont mon père m'a si souvent conté les malheurs et vanté la vertu ! Il regardait comme une bien dure peine d'être réduit à ne plus le voir et même à ignorer la retraite où dans son affliction il s'était réfugié ? C'est à cette circonstance que vous devez attribuer l'oubli où dans notre fortune, comme dans notre misère, nous avons paru vous laisser. Cependant votre nom venait souvent sur nos lèvres, et quelquefois nous donnait un espoir que nous n'osions croire si près de se réaliser.

— Bénissons tous le Ciel, qui, dans sa clémence, m'a accordé une telle joie pour prix du peu de bien que j'ai pu faire. »

Et embrassant le malade qui lui tendait les bras, « Mon cher enfant, lui dit-il, ne vous livrez pas à une agitation qui pourrait vous être funeste, et tâchons de ne mêler aucun nouveau chagrin au bonheur qui nous réunit. »

Craignant que cette scène ne devînt fatigante pour le malade, M. de Saint-Ange prit congé de ses amis, et en sortant laissa une bourse bien garnie.

Peu de jours après, ayant terminé toutes les formalités nécessaires pour l'achat de la maison qu'il avait visitée, M. de Saint-Ange mit en possession de cette demeure son parent et sa jeune famille. Là ils ne devaient trouver aucun luxe inutile; mais rien n'y manquait pour en faire une habitation agréable ; et même il y régnait cette élégance que la propreté et le soin savent donner aux plus simples ameublements.

La force et la santé, avec le bien-être, revinrent promptement à M. de Richemont. Une place honorable et lucrative, qu'il dut au crédit de son riche parent, ne tarda pas, en l'occupant d'une manière utile, à mettre le comble à son bonheur.

Cependant l'année que Julien devait passer avec M. de Saint-Ange était révolue. Celui-ci offrit affectueusement au jeune campagnard de continuer à demeurer avec lui : « Vous commencez à comprendre, lui dit-il, quel est le véritable emploi des richesses ; et je vous promets de vous associer comme par le passé à toutes mes démarches, et par conséquent aux douces satisfactions et aux jouissances si pures qui accompagnent les bienfaits que l'on répand sur ceux qui souffrent.

— Grand merci, répondit Julien, j'aime mieux revoir les champs, labourer la terre, et retrouver la chaumière et les compagnons de mon enfance. Je ne suis pas né pour être riche. Chacun son métier, et les vaches sont bien gardées. »

M. de Saint-Ange voulut reconduire lui-même Julien dans son village. Il l'installa dans une petite métairie dont l'exploitation pouvait suffire à ses besoins. Julien épousa une bonne paysanne, travailleuse et excellente ménagère. La paix et le contentement s'installèrent avec eux sous leur toit de chaume ; et notre jeune paysan, mille fois plus satisfait dans sa maisonnette, avec sa Louise et ses anciens amis, que dans le brillant hôtel et le luxe dont il s'était entouré à Paris, répétait à tous ceux qui voulaient l'entendre, que peu de personnes sont capables de bien user d'une grande fortune, qu'elle impose des devoirs fort difficiles à remplir, et qu'elle rend presque toujours malheureux ceux qui négligent de s'en acquitter.

M. de Saint-Ange continua, jusqu'à un âge fort avancé, à faire le meilleur usage de la *bourse inépuisable*. Enfin, cédant aux infirmités qu'entraîne la vieillesse, il supplia la fée Brillante de remettre en d'autres mains ce don si précieux. On dit que la fée chercha, mais en vain, quelqu'un digne de marcher sur ses traces, et que rebutée des vaines expériences qu'elle faisait chaque jour, elle jeta ce trésor au fond de l'Océan.

« Oh ! quel malheur, Mme Geneviève ! s'est écrié la mère Martin en laissant tomber sa quenouille. Que ne venait-elle ici, cette brave fée ! entre tous nous serions bien parvenus à faire la monnaie de sa pièce ; moi d'abord, si j'avais eu cette fameuse bourse, j'aurais fait beaucoup de bien à tous mes voisins, j'aurais voulu que notre village devînt une ville aussi grande que Paris ou Lyon ; mais comme il y a un proverbe qui dit

Charité bien ordonnée doit commencer par soi,

j'aurais fait bâtir pour mes enfants un beau château, et au milieu du village une maison comme celles que l'on voit sur la place Bellecour ; j'aurais eu deux cents vaches, des milliers de chèvres et de brebis, des terres et des forêts à perte de vue...

— Et vous auriez, interrompit Marguerite, au milieu de toutes ces richesses, fait comme Julien. Puisque vous aimez les proverbes, n'oubliez pas celui-ci, mère Martin :

Qui trop embrasse mal étreint.

— Voilà-t-il pas que notre petite Marguerite fait comme Gros-Jean, qui s'avisait de sermonner son curé! Cependant tu pourrais bien avoir raison, petite; car il vaut mieux un petit fagot bien lié qu'un fort gros qui se perd sur la route. — Il faut nous contenter de ce que Dieu nous envoie. — En fin de compte, six pieds de terre suffisent au pauvre comme au riche. — Tel qui craint de n'avoir pas assez de grain en son grenier, a plus qu'il ne lui faut de farine moulue, — et avec cent mille francs, on ne saurait seulement acheter une minute de vie !

— Sans doute, dit Mme Geneviève en souriant du déluge de proverbes et de sentences que débitait avec une telle volubilité la mère Martin qu'elle semblait aussi inépuisable que la bourse de la fée, sans doute, ma bonne mère, et pourvu que nous fassions autant de bonnes actions que nos moyens nous le permettent, que nous ne négligions aucune des occasions d'être utiles à nos semblables, nous ne devons envier aucun des biens que le Ciel nous a refusés, et lorsque l'heure à laquelle tous les trésors du monde ne sauraient nous faire ajouter une minute de vie aura sonné pour nous, nous pourrons paisiblement nous endormir entre les bras de la religion sainte qui a béni notre berceau, et qui bénira aussi notre tombe, si nous avons le bonheur de le mériter par nos vertus.

— *Amen*, *amen*, Mme Geneviève, et que ce soit ainsi pour chacun de nous! »

FIN

— LILLE TYP. L. LEFORT, 1862. —

www.ingramcontent.com/pod-product-compliance
Lightning Source LLC
LaVergne TN
LVHW020029170826
845678LV00001B/187